クロミの言葉

PARCO出版

KUROMIESのみんな！　元気かい？

これはアタイの「言葉」をまとめた本だよ！
気に入ってくれるよな？

アタイがXで発信してるメッセージは、
いつも、そのときの自分の正直な気持ちを
「言葉」にしてるのさ。
自分の気持ちを素直に伝えにくい世の中だけど、
そんなの嫌じゃないか？
思いは、「言葉」にしなきゃ伝わらない。
ちょっぴりわがままでも、
誰かを傷つけたりしなければそれでいいじゃん！

本の後半、「クロミのコーデ日記」はどうだい？
ちょーイケてるだろ?!
アタイは好きな格好しかしない。
好きなものは好き！
やってみたいコーデは思いきって挑戦してみる。

誰だって、いくつになったって
憧れの姿を目指していいと思うのさ。

Xのアンタたちのコメントにはいつも元気もらってるよ。
だからアタイもアンタたちのことを応援してる!

がんばりすぎて悩んだり、迷ったり、
落ち込んだりしてるアンタも、
アタイの本見て元気だしな!
これからもアタイと一緒に、
史上最高の自分を目指しちゃおうよ!

クロミ

Kuromi Profile

クロミ プロフィール

クロミ

自称マイメロディのライバル。
乱暴者に見えるけれど、実はとっても乙女チック！？
イケメンがだ～い好き。
黒いずきんとピンクのどくろがチャームポイント。
趣味は、日記をつけること。
恋愛小説にはまっている。
好きな色は、黒。 好きな食べ物は、らっきょう。

誕生日：10月31日

4

バク

クロミの子分。
クロミを乗せて空を飛べる。
がまん強くて、
クロミに意地悪されてもめげない。
たこ焼き、ヤキトリが好き。
演歌と歌謡曲が好き。

誕生日：2月29日

#KUROMIFYTHEWORLD

#世界クロミ化計画 とは？

世界をクロミと
KUROMIESで
いっぱいにする計画。

クロミのメッセージを
伝えていくことで、
クロミに共感し、
クロミと共に
なりたい自分になっちゃう仲間
「KUROMIES(クロミーズ)」
を増やします！

アタイと一緒に、なりたい自分になっちゃおうよ!

わたしは、
わたしを超えられる。

これまでの自分に後悔なんてない。
でも、満足してるわけでもない。

いまが最高だし、明日はもっとイケてる!
そう思えたら、
毎日がもっと楽しくなると思うんだ。

誰だって、いくつになったって、
他人の目を気にせず
自分を信じる道を突っ走っていい。
みんながもっと自分を好きになれる
世界に変えるんだ。

ほら、
アンタもなりたい自分に
なっちゃおうよ!

#世界クロミ化計画 進行中!

Contents
もくじ

※本書はクロミ【サンリオ公式】Xアカウントの2021年12月から2024年1月までの発信メッセージから厳選し、加筆修正して掲載しています。

Kuromi Quotes

クロミ名言集

何事も継続が大切！
だけど、たまには
お休みするのも、
も～っと大切！

DAY3

2021年12月22日

DAY4

落ち込んじゃう日は我慢しないで
めいっぱい落ち込んで、
明日からまた元気なアタイでいくんだ！

2021年12月27日

#FollowYourHeart #CheerUp #TomorrowsAnotherDay

たまには自分を休ませてあげることも
大切だと思うんだ！

2022年1月10日

#Chill #TakeItEasy

どんなことも見かけよりカンタンじゃないよね…。
でも、チャレンジしてみようよ!

2022年1月14日

#IceSkating #ChallengeYourself

アタイの重みは

アタイの歩んできた人生の重み。

中身がい〜っぱい詰まってるってわけ!

2022年1月19日

#BAKU　#GainingExperience　#GainingWeight

誰かのためじゃなくて、
自分の気分がアガることを
やってみようよ！

2022年1月21日

#DevelopYourself

近くに眩しいくらいキラキラした人気者がいたって、
アタイがキラキラできないなんてことはない。
アタイはアタイだけの輝き方で世界を照らせると思ってるよ。
それが、世界クロミ化計画なんだ!

2022年1月23日

#MakesYouShine   #ChangeTheWorld

今年こそ変わるぞ!って思って

何かに挑戦してみても、

すぐに続かなくなっちゃうこともあるよね。

でも、挑戦して続かなかった自分って、

挑戦しなかった自分よりは確実に変わってる。

その繰り返しで変わっていくんだから。

マイペースでいこうよ!

2022年1月28日

#GainingExperience

#MakingProgress

#IDoMe

たまには泣くのも大事だよね。
心にたまったいろんな気持ちを流してくれるから…。
スッキリしたら、
またいつもの元気いっぱいなアタイになるよ!

2022年2月12日

#CryWhenYouWantTo #CheerUp

今日は満月。

今日1日をかけて、世界中でみんなが

同じ月を見ているんだよね。

あたりまえだけど、

そんな普通のことがロマンチックだよね…♥

2022年2月17日

#LookUp #FullMoon

たまには笑顔になれない日があっていい。

無理に笑顔でいなくちゃなんて思わなくてもいい。

笑顔は好きな人に見せるためにとっておかなきゃ♥

2022年2月27日

#FollowYourHeart　#Smile

アンラッキーな
ことがあっても、
次はラッキーなことが
あるって思うように
してるんだ♪

2022年3月9日

#GoodLuck

新しい環境で、初めて会う人と話すのって緊張する……

でも、それは相手だって一緒じゃない？

勇気を出してこっちから話しかけてみたら、

なかよくなれちゃうかもよ！

2022年4月6日

#NewLife　#OneStepForward

アタイはピカピカになると、

テンションあがっちゃうのさ。

2022年5月6日

#ScrubTheBathtub #FeelGood #Motivation

月が見えるのは、太陽が隠れているときだけ。

太陽の前に出たら、見えなくなっちゃう。

そんな月をアタイはキレイだと思う。

2022年5月15日

#TheMoonIsBeautiful　#SicklyCutePoem

心の中に降る雨は、

いつかアタイの花を咲かせるの。

2022年6月27日

#NoPainNoGain #SicklyCutePoem

夏に向けて自分磨き〜って、毎年思うんだけどさ…
なりたい自分目指すのって勇気いるよね。

2022年7月12日

#Goals #Motivation #KeepItUp

夏に向けて
自分磨き〜って
毎年思うんだけどさ
なりたい自分
目指すのって
勇気いるよね。

スタートダッシュってチョー大事！

スタートダッシュってチョー大事！

2022年7月15日

#WeCanDoIt

今日はもうな～んにも考えないで
明日に向かってパワーチャージしよっ!

2022年7月24日

なかよしだから背中で通じあうこともあるけど…
大事なことは、ちゃんと伝えなきゃだよな!

2022年8月1日

#BAKU #Friendship #ExpressMyFeelings

伝えたいことがあるんだ

いい顔してるじゃん!

みんなと笑いあえる、それって幸せなことだよね。

こんな毎日が続きますように。

2022年8月15日

#FriendsTime #LoveYouGuys #Happy #4ever

分かってくれる人がいる。

みんなに好かれなくてもいい。
アタイのこと、分かってくれる人がいる。
それだけで十分だよ！

2022年8月16日

#Bestie #AppreciateYourFriendship

アンタは、アンタ、アタイはアタイ！
だけど、なかよし。

アンタはアンタ、アタイはアタイ！
だけど、なかよし。
それって、めっちゃすごいことだよね！

2022年8月21日

#Rival #FriendshipGoals #Awesome #Lit

今、って
すぐ過ぎていっちゃうだろ～？
だから、この瞬間を切り取って、
ずっと持っていたいんだよね。

2022年8月22日

#BePresent #SeizeTheMoment

その瞬間を
全力で愛せ。

思い返すだけで、

幸せな気分になれるキラキラってあるよね。

アタイとKUROMIESたちがやってきた

これまでの道のりは、

ぜんぶ最高の思い出!

明日はもっとキラキラしよう!

2022年8月23日

#PlushBAKU

#Memories

#Awesome

#Lit

思い返すだけで幸せな気分になれる
キラキラって、あるよね。

楽しかったことも、悲しかったことも、

全部いつかは自分の支えや励みになるんだ。

今年の夏が過ぎ去っても、君との時間は一生のキラキラだね。

この切ない気持ちも、夏が終わる前に。

2022年8月28日

#PickledScallion #SummerMemories

たまには自分をぎゅっとしてあげる

アタイ、毎日がんばってるからさ、
たまには自分をぎゅっとしてあげるんだ。
疲れてるときも、楽しいときも、
自分とはずっと一緒に過ごすんだもん。
優しくしてあげなきゃね。

2022年9月11日

#TreatYourselfWell

チャレンジって
わくわくしない？

なりたい自分、やりたいこと。

それが、はっきりしてる子も、そうでない子も

なんか楽しそう！って思えることがあれば、

まずチャレンジしてみるといいと思うんだ♪

秋って、何かを始めるには、いい季節じゃない？

2022年9月12日

#YouCanDoIt　#Autumn　#TheSeason
#Reading　#Foodie　#Sports

しあわせ、おしゃれ、すごいこと、
アタイはぜ〜んぶ叶えたい！
理想や目標が高ければ高いほど燃える。
俄然目指したくなるし、挑戦する価値があると思うんだ。

2022年9月26日

#Happiness #DressUp #Feat
#Goals #Motivation

前に進めないときは、深呼吸して
すこし立ち止まってみると、新しい発見があるかもね。
だからアンタの可愛さにも気づけたんだよ。

2022年9月27日

#MoreHaste #LessSpeed

立ち止まってみると新しい発見があるかも

誰かと比べて落ち込んじゃったり

自分を見失うこともあるけど、

アタイだけがなれる特別なアタイになりたい！

2022 年 10 月 2 日

#ComparisonIsTheThiefOfJoy   #KeepItReal

アイデアって、家で考えてても浮かんでこなーーい！
街に出ていろんなものを見て、聞いて、触れてみるんだ。

2022年10月5日

#DontThinkFeel #SeeingIsBelieving

いつだって今のキブンに正直になれたら、
いちばん輝いているジブンになれるのかな…

2022年10月10日

#BeMyself #MakesMeShine

「二兎追う者は一兎をも得ず」っていうけど、
やってみなきゃわかんないじゃん！
全部ほしいんだもん。
…でもちょっと不安になってきたな。

2022年10月11日

#YouCanDoIt #GetEverythingIWants

アタイがアタイを
　　いちばん信じてあげなくちゃ

悩んでるときは、
アタイがアタイをいちばん信じてあげなくちゃだけど、
そばに心強い味方がいてくれることも忘れずにいたいんだ。

2022年10月16日

#BelieveInMyself　　#AppreciateYourFriendship

たまにはアタイもゆっくり過ごしてみるんだ。

そうすると心がほっとして、

ふわっとほぐれるんだよね〜。

忙しいときとか、

ちょっと嫌なことがあったときとか

ちょっとだけ季節を感じて過ごしてみることを

オススメするよ！

2022年11月14日

#KickBackAndRelax

#FeelTheSeason

アタイの
心ほぐれるひととき

いっぱい欲しいって思うけど、運命の一つに出会うのも素敵じゃない？

お買い物って、いっぱい欲しくなっちゃうよね。

でも、その中から運命の一つを探し出して

その子を大切にする嬉しさもあるとアタイは思うんだ！

2022年10月22日

#ComeAcross #SpecialItem

は～気持ちよくて毛布から出られない～!!!
今日はなーんもしなくてもいい日にしちゃお

2022年12月4日

#Cozy　#StayInBedAllday　#TreatYourselfWell

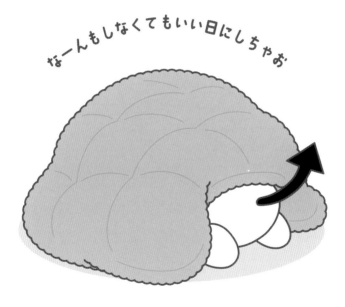

なーんもしなくてもいい日にしちゃお

無理してがんばらなくてもいい。

自分のペースで進めばいい。

だけど・・・アタイ、がんばりたいときもあるんだ！

2023年1月4日

#TakeItEasy #DoMyBest

できるか、できないか、打席に立たないとわからない！

成功するかな・・・失敗しちゃうかも・・・

そんなの打席に立たなきゃわからない！

アタイ、思いっきりフルスイングしちゃうよ！

2023年1月11日

#DontBeAfraidToFail

我慢しないで、
　　本当のきもち。

本当は、

もっと優しく、もっとなかよく

みんなとお話ししたいって

そう思っても、自然と出ちゃうアタイらしさ。

前はちょっと落ち込んでたけど、

今は誇らしいし、自分でも気に入ってる！

みんなにどう思われたって、

アタイが思うことは、

ちゃあんと声に出してはっきりと伝えるんだ！

2023年2月2日

#KeepItReal

#ExpressMyFeelings

毎日いろいろあるから何が正しいかわからなくなるよね。

うれしいとき、つらいときもある。

でもね・・・まずは相手の言葉を信じなきゃ!

2023年2月7日

◀ #BelieveYou ▶

がむしゃらに進んできたぶん、
すこし立ち止まったときに感じる優しさが
すごく沁みたんだ。
ちょっと休憩。

2023 年 2 月 12 日

#AppreciateYourKindness #TakeABreak

やっぱり好きだからここまで続けてこれたんだよね。
苦しかったとしても、それは努力とは感じないのさ♪

2023年2月20日

#DoWhatYouLove #SuccessWillCome

自信のあるフリ
しちゃえ！

アタイだって緊張するし、不安になるときもあるよ。

本当は自信50%くらいのときもある。

でもね、「アタイできるもんね！」って

自信100%のフリしちゃうんだ。

そうしたらなぜか、うまくいくんだ〜。

2023年2月22日

#BeConfident #WorkWell

たまにまわりを見ると、

がんばってる人たちがいて、キラキラ見えて

自分なんて…って思うこと、あるんだよね。

でも、アタイはアタイらしくいくよ。

自分の信じる道は、これだから！

2 0 2 3 年 2 月 2 8 日

#KeepItReal

#ItsMyWay

カッコイイところ、

オシャレなところ、

おしゃべりが上手なところ。

好きなところはいっぱいあるけど、

「なんかよくわからないけど好き」って最強だろ？

どんなことがあっても、好きなんだ！

アンタたちも、同じようなことある？

2023年3月7日

#LoveYouToBits

なんかわからないけど
好きなんだ!

人生後戻りはできないっていうけど、本当にそうかな～?

目の前に道がなくても目標と思いがあれば十分だし、

ちょっと斜め前とかに進んでもいいでしょ!なんてな☆

2023年3月20日

#PathsAreMadeByWalking #WhereTheresAWillTheresAWay

バク「誰もがみんな人生の主役ゾナ〜!
脇役なんていないゾナ〜!」

2023年4月19日

#BAKU #YourLifeIsYours

#世界クロミ化計画

みんな！
これからもアタイに
ついてきな！

誰だって、いくつになったって、他人の目を気にせず
自分の信じる道を突っ走っていい。
みんながもっと自分を好きになれる世界に変えるんだ。

2023年4月2日

#KeepItReal　#LoveYourself　#ChangeTheWorld

新しいことが始まるときって、

不安で寝つけないことあるよなあ。

アタイもそう、意外と緊張しちゃうんだ。

不安な気持ちはみんな一緒だから、

明日に備えてゆっくり寝よう☆

2023年4月14日

#NewLife #FeelUneasy #SleepTight

不安な気持ちは　みんな一緒だから

想像していた自分と

今の自分が違うことがあっても、

全部ひっくるめてアタイが今ここに在るんだ。

やりたいことがうまくいって嬉しかったり、

そうもいかなくて悔しかったり、

それでもアタイは今のままのアタイが好きだ。

2023年5月3日

#LoveYourself
#WartsAndAll

いまここに在る

疲れました。

思いのままに過ごしてきたら

途中でわけわかんなくなっちゃうときって

ないかい？

アタイはあるよ。

止まってる暇はないって？

そんなのは無視無〜視！！！

すこしは休んで

自分を甘やかしたっていいんだよ！

2 0 2 3 年 5 月 3 1 日

#TreatYourselfWell

好きこそものの上手なれ

夢中になれること日々続けてたら、

きっと上手になって芽が出るんじゃないかと思うんだ！

2023年6月5日

#DoWhatYouLove　#SuccessWillCome

みんなには言えない
秘密があってもいいよね。

2023年6月7日

#JustBetweenUs

どうしよう…　どうしよう…って

迷っている時間がもったいない!!

とりあえず、やってみればいいじゃん。

それから決めればいいんじゃん?

ほら、その扉開けちまいなよ?

2023年6月16日

#ActBeforeThinking　#GoForIt

ここはアタイだけの世界...

頭の中を無にして、リセットする時間が必要なんだ。

誰にも邪魔されたくないんだよね。

2023年6月25日

#MoveOn　#LeaveMeAlone

だって、アタイのわがままはみんなを幸せにするって
夢かな…聞いたことあるんだ。

2023年6月28日

#FollowYourHeart

自分のここがちょっとなぁ…

もっとこうだったらいいのになぁ…

アノコはいいな…

なんて感じることもあるけどさ。。。

それってアンタの強みで、立派な個性だと思うんだ。

2023年7月12日

#YourWeakness　#BecomeYourCharacter

今週もがんばったもんな、

アタイは一人の時間も大事だけどさ…

仲間と過ごす時間も必要なんだよね。

アンタもお疲れサマー☆

2023年7月21日

#BAKU #GURECO #COLLIMO #KONI
#Friendstime #WellDone #Summer

自由な時間!!

日常から開放されるって、最高〜!!

どんな体験が待ってる!?

どんな思い出ができる!?

2023年7月23日

#Camping #Extraordinary #FeelRefreshed

自分にとっての『普通』と
相手の『普通』が違うことで、
気づいたり・悩んだり・
考えることってあるよね？？
以心伝心ってなかなか伝わらないし、
さり気なく自分の思いを
言葉で伝えたらいいかな？

2023年7月28日

#SoManyMenSoManyMinds
#ExpressYourself

考えてみた！

「自分なんて…」とか「やっても無駄！どうせ無理！」って
決めつけてない!?
アタイは、自分に限界なんて決めないよ。
アンタもアタイと一緒に超えていくよ！

2 0 2 3 年 8 月 3 日

#NeverGiveUp　#OvercomeYourLimit

迷った先には、
広がる景色が待っている…!?

2023年8月19日

#ManyAttempts   #BroadenYourHorizons

始めたい！
そう思ったときが始めどきだよ★

2023年10月11日

#NowOrNever

こんなキレイな夕焼け見たら

今日も最高な1日だったって思うだろ！？

アタイは、今ここに居る、今を全力で生きているんだ！

この想い、歌にしてみようかな…

2023年10月21日

#BePresent　#SeizeTheMoment

今日だけ、今日だけ泣いたら
明日またがんばるから！

2023年11月24日

#CryWhenYouWantTo #CheerUp

本当に欲しいものって、
なかなか手に入らないよな

2023 年 12 月 20 日

#NeverGiveUp　#FailureTeachesSuccess

眠れない夜もあるよな。

ぎゅっ

2024年1月29日

#SleeplessNight #CuddlePlushBAKU

Kuromi's Outfit Diary

クロミ の
コーデ日記

ドーリー系

ルールなんて気にしないで、
好きなものを着るんだ！

2021年11月19日

#ツンデレカフェ　#たれ耳

#ロミアレ　#クロミずきんアレンジ

かわいいアタイとクールなアタイ、

どっちのアタイが好き？

2023年6月4日

#Sweet　#Cool

トレンドカラー、

アタイも取り入れてみた♡

2023年11月9日

#ロミアレ　#たれ耳

なんだろう…

このドキドキが恋ってやつかな…♡

2023年2月6日

#Sweet

今日のファッションポイントは

いちごだよ♡

2023年2月27日

#Sweet

やっほー♡ どう??

2023年3月6日

#Sweet

パーティ気分？

- - - - - - - - - - - - - - - - - - - -

2023年12月23日

#もうすぐクリスマス　　#Sweet

ドーリー系

ただ"かわいい"だけじゃつまらない。

アタイ、いろんな"かわいい"に挑戦してみたいんだ！

2022年5月27日

#やみかわ　#スカルリボン

このアタイはどう?

2022年5月28日

#やみかわ　#ロミアレ

じゃあ、このアタイは？

2022年5月29日

#やみかわ　#ロミアレ　#たれ耳

Costumes

コスプレ系

Kuromi's Outfit Diary

人気者たるもの、

レッドカーペットを歩く練習もしておかなきゃ!

あ! パパラッチ! ふふん、人気者はツライね!

2022 年 5 月 17 日

#主演女優クロミ

Costumes
コスプレ系

カッコよく歩く姿って憧れちゃう…☆

アタイもちょっぴり背伸びしてマネしてみようかな。

2023年1月31日

#スーパーモデルクロミ

アイドルなアタイ!?

アタイが選ばれるのには、ワケがあるのさ。

だって、みんなのアイドルだから…♡

2023年9月25日

#アイドルクロミ

Costumes

コスプレ系

いらっしゃ～い♡

いつもので、いいよね？

2023年11月26日

#カフェ店員クロミ

いらっしゃいませ～。

メニューだよ☆

2023 年 4 月 6 日

#カフェ店員クロミ

Costumes
コスプレ系

ちょっとアンタ！元気ないじゃん！大丈夫かい!?

クロミ様に任せな！

2023年12月17日

#看護師クロミ

クロミサンバ〜♪

みんなで踊ろう クロミサンバ〜♪

2023年10月9日

#スポーツの日　#ダンサークロミ

Costumes
コスプレ系

アタイもハロウィンしたかったー!

もうおそい・・カニャ・・?

2022年11月2日

#猫クロミ

アタイ、
天使も似合っちゃうんだよな☆

2023年10月4日

#天使の日　#天使クロミ

Costumes
コスプレ系

おそろいもいいかも…なんて言えないけど、

思ったんだ。

2022年9月3日

#マイメロディ

クロミ マイメロいろに
なっちゃった♪

2023年4月1日

#マイメロディ　#エイプリルフール

キティ誕生日おめでとう！

おそろいのリボンでお祝いするよ！

2023年11月1日

#ハローキティ

うん、うん…決めポーズはこれでぇ～…♪

ん～なかなかイケてるじゃん、アタイ♡

2024年1月31日

#名探偵クロミ

どーお、似合ってる？

ま、アタイはなに着ても似合っちゃうんだけどね♪

たまにはバクにも見せてあげてもいいかな？

2021年11月22日

#フーディーコーデ

新しい服を着て、

今日はどこに行こうかな♪

2021年12月19日

#バケットハット

Casual Attire

カジュアル系

春が待ちきれなくてオシャレしてみたけど……

さ、さ、さむ〜い！

2022年3月10日

#フェミニンカジュアル

イエローも、グリーンも…

アタイって春っぽい色も似合っちゃうよね

みんなの春色は何色？

2022年3月25日

#ロンTコーデ

そろそろ夏物だよね!

ウキウキ!

今年はY2Kに挑戦しようかな!

2022年6月26日

#Y2K　#Year2000　#クロップド丈

今日は楽しみにしてた予定があるんだっ♪

お気にいりの服で行ってくるよ!

2022年8月4日

#Y2K　#甘辛コーデ

昔流行ったファッションみたいだけど、

今着ると新鮮だし、かわいい♡

もっと調べちゃおうかな〜!

2023 年 5 月 17 日

#Y2K　　#ルーズソックス　　#平成ギャル　　#グレコ

#推し色コーデって
こんな感じ？

2022年7月28日

#黒×紫　#クロミカラー

アタイは黒が好きなんだ！

2022年7月16日

#夏の黒コーデ　#クロミカラー

バクもリンクコーデしよ～ぜ～☆

アタイ達カッコいいだろ!?

2023年6月14日

#どくろジャージ　#グレコ

Casual Attire

カジュアル系

たまにはこんなアタイもどうだい？

2023年12月10日

#ブルー　#ロミアレ

一緒にあそび行こ〜♪

2023年4月22日

#レイヤードコーデ　#ロミアレ　#ポニーテール

ウィンタースポーツのファッションって、

かわいいよね。

どっちにするか迷っちゃう！

アンタはどっちがアタイに似合ってると思う？？

2022年4月4日

＃黒　＃紫　＃スノーボードウェア

Casual Attire

カジュアル系

今年もカッコいいアタイでいくよ♪

2024年1月6日

#まずはカタチから　　#できる気がする　　スノーボードウェア

School Girl Look

スクールガール系

ピンクが流行ってたって、

アタイはアタイの好きな色が1番似合うのさ☆

２０２３年５月１４日

#黒 #クロミカラー

School Girl Look

スクールガール系

新しいワンピース♡

かわいいだろ～?

2023年1月15日

#小悪魔ガーリーコーデ

2023年の夏始まるな☆

KUROMIESのみんなもアタイについてきな〜!

2023 年 7 月 2 日

#夏のガーリーコーデ

School Girl Look
スクールガール系

新しい季節はじまる!

新しい季節が始まるな♡

たくさんの出会いがありそうでうれぴぃ♡

2023 年 9 月 1 日

#新学期　#セーラー服

アタイと一緒に行こ!

2022年9月1日

#新学期

School Girl Look
スクールガール系

寒くなってきた！

ちゃ～んとあったかくするんだぞっ★

2021年12月5日

#マフラー #リボン巻き

空気澄んでない？

そう感じるのアタイだけ？

2023年12月30日

#寒い #ダッフルコート

いくつになっても、いつまでも。

キラキラなティアラとドレスに憧れる乙女なアタイ。

この気持ち、ずーっと忘れないんだ♡

2023 年 5 月 23 日

#プリンセスクロミ

夢見るアタイの夢見るドレス♡♡

みんなはどんなドレスを着てみたい?

2022年6月9日

#憧れのドレス　　#クロミカラー

ココアに紅茶にカフェラテ…

アタイは何を飲むと思う？

2023年12月12日

#もこもこナイトガウン&ナイトキャップ

シロミ様!?参上☆

クリスマスだし、たまには真っ白コーデもイケてるだろ？

2023年12月25日

＃シロミちゃん？　　＃もこもこずきん

139

2023年の最後の夜は

お気に入りの部屋着で寝ちゃうんだ★

アンタたちも良い年を過ごすんだよ！

2023年12月31日

#オールインワン　#バク

マジカルな気分？
- -

2023年10月14日

#魔法使いクロミ　　#バク

Dreamy & Cute

ゆめかわ系

今日はアイツの誕生日

今年はおそろいのイチゴでお祝いしてやろうかな!

2024年1月18日

#マイメロディ

イヒヒ★

ロミアレしてみたよ!

2024年1月20日

#クロミずきんアレンジ　#たれ耳

クロミの言葉

発行日 2024年6月12日 第1刷

キャラクター著作　株式会社サンリオ

ブックデザイン　若井夏澄(tri)
編集　丹治亮子

発行人　小林大介
編集　堀江由美
発行所　PARCO出版
　　　　株式会社パルコ
　　　　東京都渋谷区宇田川町15-1
　　　　https://publishing.parco.jp

印刷・製本　株式会社 加藤文明社